CONTENTS

Social Media Conquiste seu primeiro cliente em 24h

Introdução	1
Defina sua entrega: que tipo de serviços oferecer?	2
Portfólio: Qual a importância?	4
Como montar seu portfólio	5
Como encontrar clientes em potencial	7
Como preparar sua abordagem	9
Roteiros	12
Estratégia Offline 1	13
Estratégia Offline 2	15
Estratégia Offline 3	17
Estratégia Online 1	20
Estratégia Online 2	22
Estratégia Online 3	24
Como montar uma proposta de serviços	26
Itens indispensáveis na sua proposta de serviços	27
Exemplo de proposta de serviços	28
Mock-up Instagram	33
Exemplo de Mock up Instagram	34
Preciso fazer contrato?	36
Onboarding: O que fazer após fechar o contrato	38

Exemplo de onboarding	39
Solução para social media	43
Metrifique seu sucesso	45
O que fazer ao receber uma rejeição?	47
Bônus	48
INTRODUÇÃO	49
DIA 1: PREPARAÇÃO	50
DIA 2: ESTRATÉGIA	53
DIA 3: PROSPECÇÃO	55
DIA 4: REUNIÕES	57
DIA 5: NOVAS OPORTUNIDADES	59
DIA 6: ANÁLISE	61
DIA 7: FECHAR CONTRATOS	63
Parabéns!	65
Sobre nós	66
Sua avaliação é muito importante	67
About The Author	69

SOCIAL MEDIA CONQUISTE SEU PRIMEIRO CLIENTE EM 24H

Patricia STK

INTRODUÇÃO

A era digital veio para ficar e este fato está mudando dramaticamente nosso estilo de vida. Ela abriu um vasto horizonte para a comunicação, o lazer e os negócios.

Ela nos proporcionou novas ferramentas de comunicação, mas também criou a demanda por novos profissionais para estes setores.

Uma dessas novas profissões é o **Social Media.**

Conseguir clientes para as mídias sociais é a maneira perfeita de começar a ganhar dinheiro ajudando outros com estratégias específicas que você sabe que funcionam. Mas, como iniciante você pode ter se deparado com uma grande dúvida: **como conseguir o meu primeiro cliente?**

Neste e-book, você encontrará todas as informações e estratégias necessárias para conquistar seu primeiro cliente em mídias sociais. De dicas práticas a orientações detalhadas, este guia é uma fonte completa para eliminar dúvidas e prepará-lo para o sucesso, equipando-o com o conhecimento e as ferramentas essenciais para dar esse importante passo em sua carreira de social media.

DEFINA SUA ENTREGA: QUE TIPO DE SERVIÇOS OFERECER?

Antes de começar a ir atrás de clientes você deve definir os serviços que você irá oferecer. Você tem muitas opções, incluindo:

- **Análise de Redes Sociais:** Avaliar perfis para identificar pontos de melhoria.
- **Pesquisa de Conteúdo:** Encontrar tópicos relevantes e interessantes para o público-alvo.
- **Programação de Postagens:** Organizar e agendar a publicação de conteúdos.
- **Gestão de Redes Sociais:** Administrar contas de mídia social de forma abrangente.
- **Resposta a Comentários e Mensagens:** Interagir com a audiência para criar engajamento.
- **Criação de Calendário de Postagens:** Planejar a frequência e o timing das publicações.
- **Desenvolvimento de Linha Editorial:** Definir o tom, estilo e temas abordados nos conteúdos.
- **Análise de Dados:** Interpretar métricas para otimizar estratégias.
- **Criação de Posts, Stories e Vídeos:** Produzir conteúdo visual e escrito.

Se você possui habilidades adicionais em design, marketing digital ou desenvolvimento web, considere incorporá-las aos seus serviços para oferecer soluções mais completas e aumentar o valor percebido pelo cliente.

Para iniciantes, é recomendável começar com ofertas básicas, como uma análise gratuita do Instagram, identificando áreas de melhoria e potencial de crescimento.

Isso não só demonstra sua capacidade, mas também cria uma oportunidade para oferecer serviços mais avançados conforme você adquire experiência e confiança.

É uma forma eficaz de construir uma base de clientes e expandir seus serviços gradualmente.

Tenha sua lista de serviços pronta antes de iniciar as abordagens.

PORTFÓLIO: QUAL A IMPORTÂNCIA?

Para um profissional de social media, um portfólio é uma vitrine poderosa que exibe não apenas sua criatividade e estilo, mas também sua competência e resultados alcançados.

Ele funciona como um reflexo do seu valor e habilidades, permitindo que potenciais clientes visualizem seu trabalho anterior e entendam o que podem esperar ao contratá-lo.

Um portfólio bem elaborado constrói credibilidade e confiança, diferencia o profissional no mercado competitivo e facilita a comunicação de suas capacidades únicas e experiências de sucesso, tornando-se uma ferramenta essencial na atração e persuasão de novos clientes.

- Demonstra Competência
- Constrói Credibilidade
- Diferenciação
- Exemplo de Trabalho Realizado
- Facilita a Comunicação

COMO MONTAR SEU PORTFÓLIO

Se Você Já Teve Clientes Ou Já Prestou Serviços:

- **Coletando Trabalhos Anteriores:** Reúna exemplos de trabalhos que você fez para clientes anteriores. Peça permissão para usar em seu portfólio, se necessário.

- **Organizando o Portfólio:** Use programas como Adobe InDesign, Canva ou mesmo PowerPoint para criar um layout limpo e profissional. Inclua detalhes sobre o projeto, resultados alcançados e feedback do cliente, se disponível.

- **Templates:** Explore templates disponíveis em plataformas como Canva ou Adobe Spark que se alinhem com o seu estilo e área de especialização.

Se Você Ainda Não Tem Clientes:

- **Criando Mockups:** Utilize plataformas como Adobe Photoshop ou Canva para criar mockups de trabalhos que você poderia fazer. Isso pode incluir posts de mídia social, campanhas de marketing, designs gráficos etc.

- **Exemplos Hipotéticos:** Desenvolva campanhas ou conteúdos para marcas fictícias. Isso demonstra suas habilidades e criatividade.

- **Crie um perfil:** Desenvolva um perfil no Instagram somente para utilizar como portfólio. Crie posts, destaques, escreva uma bio de sucesso e configure links

COMO ENCONTRAR CLIENTES EM POTENCIAL

Os clientes podem estar mais próximos do que você imagina e quanto mais próximo mais fácil será conquistá-lo.

Clientes Offline

Olhe ao seu redor, procure por:
- Locais que você costuma frequentar, como academia, salão de beleza, igreja, cursos, etc;
- Seus familiares, não precisa ser diretamente, mas pergunte para a sua família por indicações. Sempre tem alguém da família que conhece o dono de algum estabelecimento na sua região, só essa proximidade já garante uma certa autoridade e confiança;
- Sua lista de contatos do whatsapp;
- Procure por estabelecimentos no Google Maps

Se você mora em uma cidade muito pequena, pode ser difícil encontrar clientes na região. Mas, não se desanime! Com a profissão de social media você pode atender clientes do mundo todo sem sair de casa.

Clientes Online

- Seus seguidores nas redes sociais;
- Procure por vagas no LinkedIn;
- Grupos de whatsapp e facebook;
- Comunidades de cursos online que você já fez;
- Comentários em posts de perfis de marketing digital;
- Perfis de empresas nas redes sociais;
- Tráfego pago, entre outros.

Antes De Começar

Faça uma lista com pelo menos 50 possíveis clientes. Analise as redes sociais dos mesmos, faça uma breve estimativa do faturamento e verifique as melhorias que você poderia implementar.

Aborde as empresas de acordo com as que você julgou terem maior potencial.

COMO PREPARAR SUA ABORDAGEM

Preparação

Antes de falar com qualquer cliente vá preparado com informações suficientes para gerar interesse e credibilidade. Procure por algum tipo de melhoria que possa ser aplicada rapidamente e de maneira simples.

Pontos a serem analisados:

- Foto de perfil
- O nome é fácil de achar? Tem palavras chave?
- A bio descreve bem a empresa? Tem CTA (chamada para ação)?
- Tem link na bio?
- Tem endereço (no caso de locais físicos)?
- Os destaques são interessantes e organizados?
- O tipo de conta está certo?
- Análise do feed
- Análise dos reels
- Análise dos stories

- Análise de comentários de clientes
- Caso seja negócio local, analise também o Google My business
- Tem site? Poderia melhorar?
- Em quais redes sociais ele está?
- Quais deveria estar?

Estrutura - Modelo Para Todas As Estratégias

- Sempre que possível fale diretamente com o responsável pela empresa;
- Se apresente, "quebre o gelo";
- Informe que você trabalha como social media e dê uma breve explicação sobre essa profissão;
- Através da análise que você realizou no perfil mostre um ponto fraco da empresa e apresente a melhoria;
- Se possível, implemente a melhoria na mesma hora;
- Diga que estar presente nas redes sociais hoje é imprescindível para todas as empresas;
- Deixe bem claro o quão trabalhoso é essa profissão porque o Instagram e outras redes mudam a toda hora e o social media precisa estar atento às novidades;
- Afirme que ele (a) como empresário (a) ocupado provavelmente nem tem tempo de acessar as redes, imagine ficar se atualizando, criando posts, stories e reels;
- Ofereça 7 dias gratuitos para experimentar seus serviços e que se ele (a) gostar dos resultados você irá apresentar uma proposta.

A estratégia de oferecer os 7 dias gratuitos ao invés de mostrar a sua proposta logo na primeira abordagem cria uma oferta irresistível, pois não há objeção alguma para um serviço gratuito. Além disso, muitas empresas não conseguem enxergar o quão relevante é a nossa profissão e para esse tipo de empresa é essencial ver os resultados desses 7 dias antes de formalizar um contrato.

Dependendo dos resultados que conseguir apresentar, pode agregar muito valor aos seus serviços e você poderá passar a cobrar mais caro!

ROTEIROS

Os roteiros aqui apresentados são baseados em conversas reais de experiência própria ou de terceiros modificadas para serem breves e também para preservar a identidade dos prospectados.

O uso das estruturas apresentadas nesse e-book não garantem o sucesso da abordagem, mas devem ser vistos como uma base para te guiar ao sucesso.

Aconselho que você utilize as estruturas e os roteiros para criar o seu próprio estilo de interação conforme você for ganhando confiança e experiência.

"E se estiver com medo, vá com medo mesmo"

ESTRATÉGIA OFFLINE 1

Clientes que você já conhece

ROTEIRO

Situação: Academia que eu frequento há mais de 4 anos, já conheço os donos e mantenho bom relacionamento com todos os funcionários.

EU: Oi, Débora. Deixa eu te falar uma coisa, eu estou começando a trabalhar agora como social media, estou mudando de profissão. Você sabe que eu tenho uma loja, né?

DÉBORA: Sim, já até sigo, muito legal seus produtos.

EU: Então, mas eu resolvi fechá-la e agora eu comecei nessa profissão como gestora de redes sociais, que basicamente cuida do Instagram e facebook, faz posts, stories, reels, eu já fazia isso na minha loja, mas eu não tinha nenhum conhecimento profundo sobre essa profissão eu fazia o que vinha na minha cabeça acho que você faz o mesmo aqui na academia, né?

DÉBORA: Que legal! Sim, eu só faço uns stories das aulas e coloco umas fotos. A gente até estava pensando em contratar alguém mesmo.

EU: Então, é um trabalho que exige planejamento, criatividade e muita pesquisa, coisa que você como empresária não tem tempo nem para pensar sobre isso. Eu fiz uma pesquisa rápida e vi que

você não tem nem o link do maps no instagram aqui da academia, você deve receber
bastante pergunta sobre onde fica a academia não é
mesmo?

DÉBORA: Sim, nossa nem sabia que dava para colocar.

EU: Dá sim, desse jeito fica fácil das pessoas te acharem. Vou colocar isso pra você deixa eu te mostrar (colocando endereço no instagram).

DÉBORA: Nossa, era tão fácil. Obrigada!

EU: Magina! Então, eu acabei de terminar um curso sobre gestão de mídia social e estou procurando um perfil assim como o da academia para testar algumas estratégias, você toparia deixar eu cuidar do instagram da academia por 7 dias totalmente gratuito?

DÉBORA: Claro! Pode sim, mas você não vai cobrar? É muito trabalho.

EU: Depois dos 7 dias eu te passo uma proposta, mas não se preocupe eu estou querendo fazer esses 7 dias de teste mesmo, quero ver como vai ser o resultado e depois você não terá obrigação nenhuma de me pagar e nem de me contratar, é só um teste mesmo.

ESTRATÉGIA OFFLINE 2

Clientes de indicação

ROTEIRO

Por se tratar de uma empresa de indicação é necessário fazer muitas perguntas para entender melhor sobre o objetivo do negócio por este motivo esse modelo apresenta somente as perguntas estratégicas.

Situação: Um amigo indicou o meu serviço ao seu chefe. Empresa de empréstimos.

EU: Olá, tudo bem? Prazer eu me chamo Patrícia. O Maurício me falou que você você está precisando de uma pessoa para te ajudar com as redes sociais. Então, me conta um pouco sobre a sua empresa para eu entender melhor.

EU: Entendi e vocês já utilizam as redes sociais para vender esse produto? Como está funcionando?

EU: Vocês já tem uma estratégia de captação de leads e venda? Como funciona?

EU: Você acha que se você tivesse uma pessoa cuidando de todas as redes sociais você iria conseguir mais clientes e fechar mais vendas?

EU: Eu entendo que você como empresário não deve ter nem tempo de acessar as redes sociais, menos ainda pensar no que postar hoje, não é mesmo?

EU: Pensando em tudo que você mostrou até agora eu já pensei em algumas coisas para melhorar X, Y e Z. E se você fizesse isso aqui e mudasse isso (nessa hora você utiliza a pesquisa que você já tinha feito antes para impressionar o seu cliente, ele vai achar que você pensou em tudo isso agora e vai imaginar como seria se você tivesse 100% concentrado na tarefa)

EU: Eu conheço um perfil que oferece mais ou menos a mesma coisa que o seu, acredito que ele seja seu concorrente, você conhece tal perfil? (fale sobre um dos maiores concorrentes dele)

EU: Então, esse concorrente hoje está fazendo essas coisas aqui e você está ficando para trás, mas são coisas que podemos trabalhar para até superar o que ele está alcançando e conquistar os clientes que hoje estão indo pra lá.

EU: Como eu ainda estou começando nessa profissão o que você acha da gente fechar 7 dias gratuitos, eu cuido do seu Instagram por esse período sem te cobrar nada e se você gostar eu te mostro a minha proposta.

ESTRATÉGIA OFFLINE 3

Cliente de negócios locais

Uma terceira forma de abordagem que é um pouco mais difícil são os negócios locais, como salões de beleza, padarias, lojas de rua, academias, pequenos negócios em geral.

Apesar de serem mais difíceis de abordar por não terem nenhum relacionamento com você, pode ser uma ótima oportunidade porque gera mais confiança ao se tratar de pessoas que residem na mesma região.

O cliente de negócios locais estará mais interessado em saber como você vai conseguir atrair mais pessoas para o estabelecimento dele, portanto você deverá focar sua pesquisa no google my business, concorrentes e nas configurações de localização do instagram.

Uma ótima proposta seria mostrar estratégias de como utilizar as postagens para atingir um número maior de pessoas, como por exemplo, fazer reels (sem dancinhas) e estratégia de compartilhamento de stories e publicações (use a sua criatividade).

ROTEIRO

Situação: Abordando um salão de beleza de padrão médio.

DICA: se você se sentir mais à vontade e tiver dinheiro para investir marque um horário para fazer algum tratamento, como cliente eles irão te dar mais atenção.

EU: Olá, tudo bem? Eu me chamo Patricia, eu trabalho como gestora de mídias sociais há algum tempo e eu estava olhando o Instagram de vocês e eu verifiquei que vocês não postam com muita frequência e também eu não encontrei uma tabela de preços e nem agendamento online. Na verdade eu estava querendo marcar uma hidratação, mas não encontrei nada a respeito.

SALÃO: Eu vou te mostrar os serviços que temos e os preços.

EU: Ótimo! Você não acha que ia ser muito mais fácil se os clientes pudessem encontrar todas essas repostas no Instagram ao invés de ter que falar com alguém ou ter que vir até aqui? É que eu trabalho com isso sabe e eu vejo como esse tipo de serviço ajuda a dobrar ou até triplicar o número de clientes. Hoje vocês tem alguém que cuida só das redes sociais do salão?

SALÃO: Não, nós mesmas que cuidamos de tudo, é uma correria.

EU: Entendo, você que é a dona do salão? (Se não for, perguntar quem é e fazer uma breve apresentação)

SALÃO: Sou eu mesma.

EU: Você como empresária não tem tempo para se preocupar em postar todos os dias, fazer stories, criar reels, responder clientes e tudo o mais, não é mesmo?

SALÃO: Sim, é verdade...

EU: Então, você sabia que hoje para alcançar mais pessoas no Instagram uma empresa faz em média 1 reels por dia e pelo menos 35 stories? Você consegue entender quão trabalhoso seria para você fazer isso sozinha, todos os dias, além de pensar no que postar hoje?

SALÃO: Tudo isso? Por isso que meu Instagram não cresce?

EU: Isso mesmo. E eu trabalho exatamente com isso. O que você acha de experimentar o meu serviço por 7 dias gratuitos e depois se você gostar eu te faço uma proposta?

ESTRATÉGIA ONLINE 1

Contatos Whatsapp ou seguidores Instagram

Apesar de ser uma estratégia online ela é voltada para pessoas que você já conhece e você vai interagir através de mensagens. A sua abordagem tem que ser bem natural, muita gente erra por querer ser muito técnico e acaba afastando o possível cliente porque ele percebe que você não fala dessa maneira.

Comece dando pequenas dicas e vá escalando a conversa até oferecer os 7 dias gratuitos.

ROTEIRO

Situação: Amiga que vende artesanato por encomenda.

EU: Oi, Silvia! Tudo bem? Eu tava vendo seus produtos no Instagram e achei tudo muito lindo! Parabéns pelo trabalho ♥

SILVIA: Obrigada! Eu faço tudo com muito carinho :)

EU: Não sei se você sabe, mas eu tô trabalhando agora como gestora de redes sociais e acho que dá para melhorar essa sua bio, viu? Você não tem nada nela falando para clicar no link ou sobre o que é esse link. E se você colocasse assim: Encomende sua peça aqui.

SILVIA: Interessante, vou tentar isso. Realmente não sabia que você estava trabalhando com isso.

EU: Eu já vi aqui várias coisas que poderiam melhorar a procura pelos seus produtos. O que você acha de eu organizar todo o seu Instagram, fazer posts e stories por uma semana sem cobrar nada? E depois se você gostar dos resultados eu te faço uma proposta.

SILVIA: Sério? Ah eu vou amar!

ESTRATÉGIA ONLINE 2

Captação ativa

Captação Ativa significa você ir atrás das empresas no Instagram, LinkedIn, Facebook, Youtube, grupos de facebook, comunidades, entre nos perfis do nicho de social media, marketing digital, olhe os comentários, sempre tem alguém precisando

Nesse tipo de estratégia o ideal seria que você entendesse muito do nicho do perfil, pois você terá que entregar algo realmente valioso para que a pessoa leia a sua mensagem e se interesse pelo seu serviço.

ROTEIRO

Situação: Perfil no Instagram de um personal trainer que atende online.
DICA: seja seguidora do perfil, interaja algumas vezes, responda stories, mostre que você está consumindo o conteúdo que você não está só atrás de fechar mais um contrato.

EU: Olá, Alex! Tudo bem?

Já te sigo há um tempo, gosto bastante do seu conteúdo, meu ajudou muito aquele post sobre emagrecimento.

PERSONAL: Opa! TMJ braba

EU: Olha, eu trabalho como gestora de social media, vou te falar algumas coisas que você pode melhorar para deixar o seu perfil ainda mais profissional. (Liste pelo menos 3 melhorias rápidas e que ele possa fazer sozinho ou algo de extremo valor)

PERSONAL: Mano, show! Vou fazer isso agora mesmo! Valeu!

EU: Que isso, suas dicas já me ajudaram tanto que eu quero só retribuir! Aliás eu tenho mais algumas ideias de melhorias aqui, mas que são um pouco mais complexas (listar problemas de frequência de postagens, quantidade e qualidade de stories, tipo de posts, ausência de reels, conteúdo e tudo o que for dar trabalho).

PERSONAL: :0

EU: Eu trabalho com isso kkkk Eu gosto muito do seu perfil, o que você acha de eu fazer tudo isso por você durante 7 dias totalmente grátis? Depois se você gostar do resultado eu te mando uma proposta.

ESTRATÉGIA ONLINE 3

Captação Passiva

Nossa última estratégia é provavelmente a mais importante e mais fácil de conseguir clientes, porém você terá que investir em anúncios. E como muita gente que está começando nessa nova profissão não tem condições de investir logo de cara eu resolvi deixar essa estratégia como último recurso.

Entendo também que muitos não tem conhecimento sobre como criar anúncios Facebook e Instagram, então elaborei uma estratégia bem simples para qualquer um que deseje começar.

ESTRATÉGIA PASSO-A-PASSO

1 - Crie um post, carrossel ou reels que gere curiosidade (você pode utilizar os argumentos dos roteiros anteriores, por exemplo: Você que é empresário não tem tempo de postar, As redes sociais mudam constantemente e você não tem como se atualizar, sua empresa ainda não está nas redes e o seu concorrente está, etc) no final peça para a pessoa entrar em contato para saber mais.

2 - Clique no botão impulsionar do Instagram e escolha o objetivo de Mais Mensagens, escolha receber mensagens pelo whatsapp, caso não tenha configurado, deixe receber pelo direct message mesmo.

3 - Na definição de público clique em Criar o Seu. Dê um nome para esse público, caso queira atender somente pessoas da região delimite pelas localizações. Em interesses procure

por "empreendedorismo" adicione outros interesses que achar pertinente. Na faixa etária escolha de 25 a 55 anos.

4 - Continue a configuração de valor diário de acordo com o seu orçamento. A duração deixe para até quando você decidir pausar. E comece a anunciar.

5 - Após a aprovação do seu anúncio verifique diariamente se está recebendo contatos pelo anúncio, caso o resultado não seja como o esperado, continue criando novos posts, escolha os que apresentarem melhor resultado no orgânico e comece a impulsionar, sempre comparando com o anúncio anterior.

6 - Procure melhorias sempre!

COMO MONTAR UMA PROPOSTA DE SERVIÇOS

Agora você já dominou a etapa de abordagem é hora de fechar o negócio!

Uma proposta de serviços bem montada pode ser a ferramenta que estava faltando na sua estratégia. Ela deve ser clara, fácil de compreender, sem muitas palavras complicadas que só quem entende de marketing digital conhece e ter uma estrutura que leva o possível cliente a desejar os seus serviços e acreditar que você vai levar a empresa dele ao sucesso!

A maioria das pessoas monta uma proposta de serviços somente com os valores dos pacotes oferecidos e essas pessoas estão perdendo uma grande oportunidade de fechar contratos valiosos.

ITENS INDISPENSÁVEIS NA SUA PROPOSTA DE SERVIÇOS

Uma proposta bem elaborada deve conter informações relevantes sobre a empresa, como sua história, missão e valores. Além disso, é importante destacar as principais vantagens e benefícios que o cliente terá ao contratar seus serviços. É preciso apresentar soluções personalizadas para as necessidades específicas de cada cliente, demonstrando que a empresa está comprometida em atender suas demandas de forma eficiente e satisfatória.

Outro ponto importante é apresentar cases de sucesso e depoimentos de clientes satisfeitos, mostrando que a empresa já tem experiência e expertise no mercado. Isso ajuda a aumentar a confiança do possível cliente e a convencê-lo de que a empresa é a melhor opção para atender suas necessidades.

Por fim, é fundamental deixar claro os valores e formas de pagamento, bem como as condições e prazos de entrega dos serviços. Uma proposta bem elaborada e estruturada pode ser o grande diferencial na hora de fechar negócio e conquistar novos clientes.

EXEMPLO DE PROPOSTA DE SERVIÇOS

Gostaria de compartilhar com vocês a estrutura de proposta de serviços que utilizo para fechar contratos com empresas locais. Essa estrutura me permitiu obter 100% de sucesso com meus prospectos, então é garantia de sucesso!

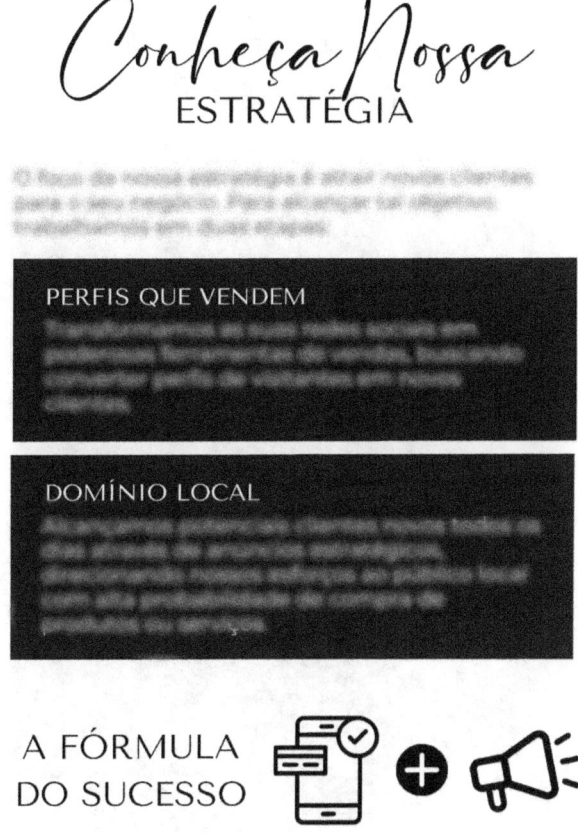

Breve explicação de como trabalhamos. Aqui já deixo claro os resultados que o cliente terá.

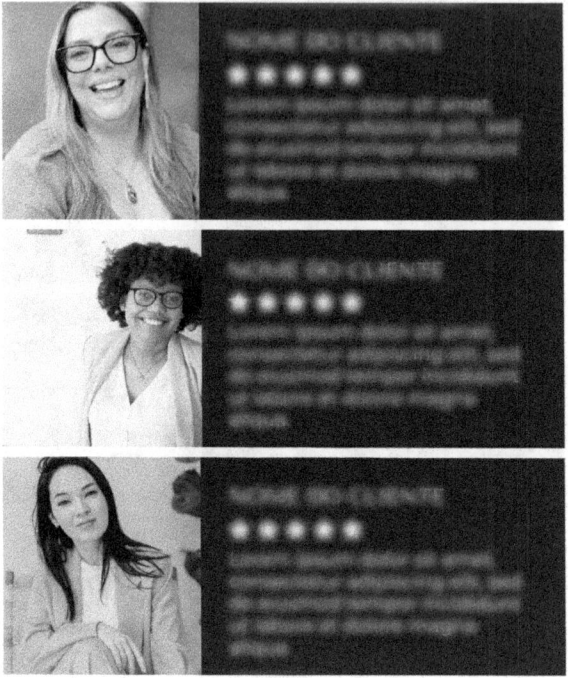

Apresento opiniões de alguns clientes satisfeitos. Sempre escolho de nichos diferentes para destacar a versatilidade do meu serviço.

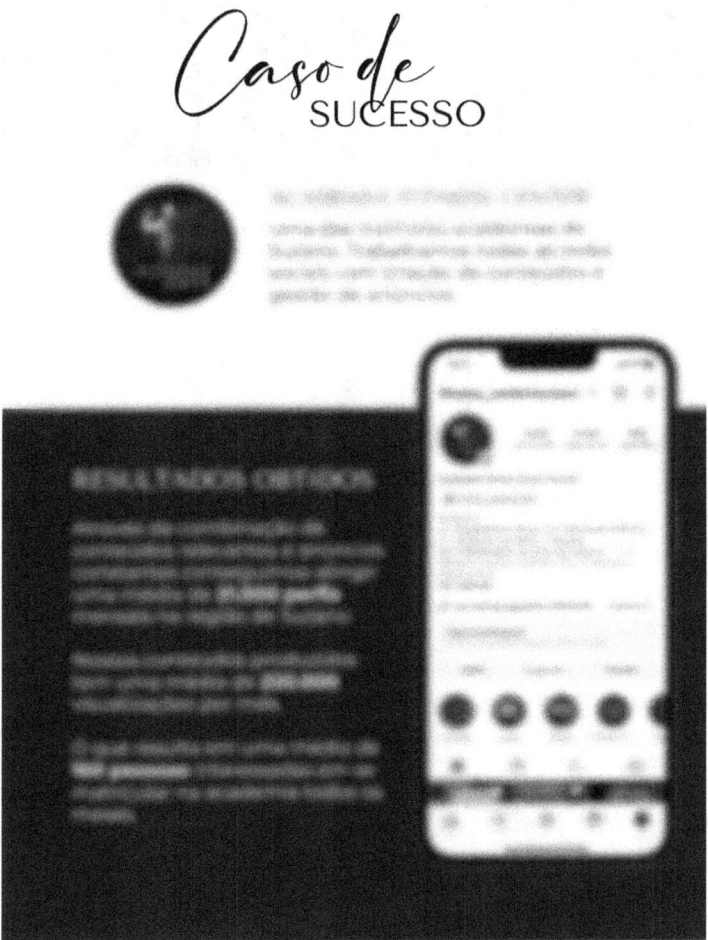

Para aumentar ainda mais a confiança destaco resultados de alguns clientes com prints e explicação.

☑ Ideal para quem está fazendo uma campanha pela primeira vez e deseja trabalhar com orçamento mínimo.

SERVIÇOS INCLUSOS

- Configuração Google My Business
- Configuração Perfil Profissional Facebook e Instagram
- Gestão de Mídias Sociais (40 posts básicos, ideal para movimentar o perfil por X meses)
- Definição de Linha Editorial
- Criação de Calendário de Conteúdos
- Gestão de Tráfego Pago (Anúncios Facebook, Instagram e Google)
- Análise de Resultados Mensais

Valor do Pacote Completo:

em até

*Valores referentes somente aos serviços descritos. Não estão inclusos investimentos destinados para os anúncios.

Apresento pelo menos três pacotes de serviços. Para facilitar o entendimento coloco cada pacote em uma página. Explico brevemente para quem é mais indicado e quais resultados podem esperar, destaco os itens dos serviços e por fim o valor.

Minha proposta de serviços completa possui um total de 14 páginas. É importante manter um visual atraente e que não seja cansativo para que o cliente queira ler por completo e se encantar com o seu serviço e organização.

Além de, não deixar dúvidas sobre que ele irá receber.

MOCK-UP INSTAGRAM

Fazer um mockup do Instagram é uma técnica inteligente para mostrar aos clientes potenciais o valor do seu trabalho.

Basicamente, você cria uma versão simulada do perfil do Instagram deles, mostrando como poderia ficar após suas melhorias.

Isso inclui sugestões para a bio, destaques, e até posts.

O legal é que o cliente já consegue visualizar os resultados possíveis antes mesmo de contratá-lo.

Você oferece essas ideias gratuitamente, e o cliente pode até tentar implementá-las sozinho.

Porém, muitas vezes, eles percebem que é difícil fazer sozinhos e acabam decidindo contratar seus serviços. É uma maneira eficaz de demonstrar seu valor e habilidades práticas.

O Mock Up eu costumo fazer no Canva utilizando um template. Veja a seguir o modelo que eu utilizo.

EXEMPLO DE MOCK UP INSTAGRAM

No frame do celular coloco print do instagram atual do cliente e apresento minhas sugestões de melhoria.

Apresento como ficaria o perfil com todas as mudanças aplicadas.

PRECISO FAZER CONTRATO?

Ter um contrato em serviços de social media é como ter um mapa para uma viagem: ele mostra a rota e o destino final. O contrato é um documento que você e seu cliente assinam, e ele serve como um acordo oficial entre vocês dois. Ele detalha tudo sobre o trabalho que você fará, como:

Serviços a Serem Prestados: Aqui, você lista todas as tarefas que vai realizar, como criar posts ou gerenciar as redes sociais do cliente.

Prazos: Como um calendário, o contrato diz quando você vai entregar cada parte do trabalho.

Pagamento: É o acordo sobre quanto e quando você será pago pelos seus serviços.

Regras Especiais: Às vezes, há necessidades específicas que você e o cliente acordam, e elas também entram no contrato.

Além disso, o contrato é como um escudo: ele protege você e o cliente se algo não sair como planejado. Por exemplo, se houver algum desentendimento sobre o trabalho, vocês podem olhar o contrato para lembrar o que foi combinado.

Em resumo, um contrato deixa tudo claro e seguro para ambos os lados, garantindo que o trabalho flua bem e sem surpresas.

Procure um advogado para desenvolver o contrato ideal para você.

ONBOARDING: O QUE FAZER APÓS FECHAR O CONTRATO

O documento de onboarding é um guia para começar o trabalho com um novo cliente de social media. Pense nele como um manual de instruções que explica tudo sobre o serviço que você vai oferecer. Nele, você detalha:

O Pacote Escolhido: Aqui, você descreve exatamente o que está incluído no pacote de serviços que o cliente selecionou.

Como o Serviço Será Entregue: Explica como você vai realizar o trabalho na prática, passo a passo.

Cronograma do Projeto: Apresenta um calendário com as principais fases e momentos importantes do projeto.

Esse documento ajuda a garantir que você e o cliente estejam na mesma página em relação ao que será feito e quando. Assim, todo mundo sabe o que esperar e como as coisas vão funcionar, evitando surpresas e mal-entendidos.

EXEMPLO DE ONBOARDING

Detalhamento de como funciona minha entrega após o fechamento do contrato.

☑ Ideal para quem está fazendo uma campanha pela primeira vez e deseja trabalhar com orçamento mínimo.

SERVIÇOS INCLUSOS

*Valores referentes somente aos serviços descritos. Não estão inclusos investimentos destinados para os anúncios.

Reforço o que está incluso no pacote escolhido.

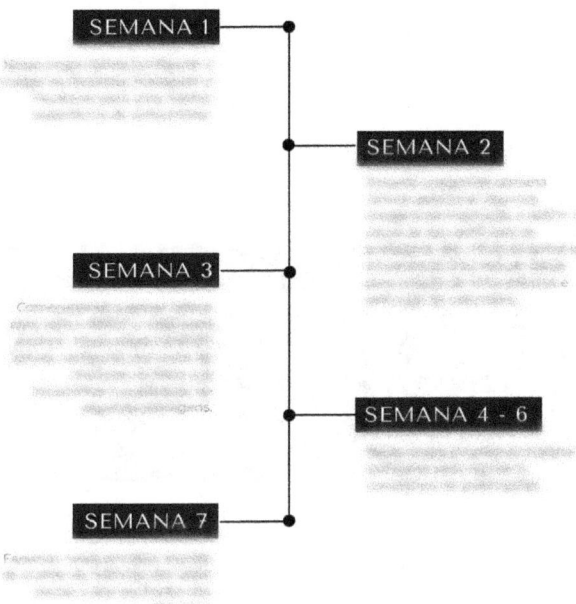

O que será feito em cada semana e como será entregue cada etapa do serviço.

Incluo também informações sobre pagamentos.

O Onbarding é um documento simplificado da proposta de serviços para que fique claro para o cliente o que será feito e quando será entregue. Muitos ainda não entendem o serviço de social media e já tive problemas por não esclarecer tudo em um documento único.

SOLUÇÃO PARA SOCIAL MEDIA

Todos os modelos apresentados nesse e-book podem ser desenvolvidos por você mesmo utilizando o Canva, como eu fiz no início.

Porém, se você não quer perder tempo e quer ter acesso aos meus arquivos pessoais com a copy que eu desenvolvi com 100% de sucesso é só acessar pelo QR Code ou link abaixo.

https://bit.ly/xpertpackkindle

METRIFIQUE SEU SUCESSO

Acompanhar e medir as abordagens de leads (contatos) é importante porque ajuda a entender quais estratégias estão funcionando.

Isso significa que você pode se concentrar no que traz melhores resultados, economizando tempo e melhorando suas chances de sucesso.

Essencialmente, é uma forma de garantir que seus esforços estejam sendo bem direcionados e eficientes.

O que devo metrificar?

- Meta de quantidade de contatos diários ou semanais;
- Quantos retornaram;
- Quantos agendaram reunião;
- Quantos fecharam teste de 7 dias;
- Quantos se tornaram clientes.

Utilize alguma ferramenta como excel para acompanhar esses dados com facilidade.

Você receberá muitos nãos antes de começar a receber os primeiros sim! Portanto, construa uma lista grande de leads e vá a

PATRICIASTK

luta!

O QUE FAZER AO RECEBER UMA REJEIÇÃO?

Ao lidar com uma rejeição, é importante entender o motivo por trás dela.

Se o cliente considerar seu serviço caro, tente negociar ou ofereça opções mais acessíveis, mantendo o valor do seu trabalho.

Caso o cliente acredite que não precisa dos seus serviços, demonstre os benefícios que ele pode obter, como atrair mais clientes, aumentar vendas ou melhorar sua presença online.

Mostre como seu serviço pode ser essencial para a competitividade no mercado. Além disso, sempre solicite indicações para outros possíveis clientes e continue prospectando.

Se um cliente potencial rejeitar a oferta, invista seu tempo procurando outros que vejam valor no que você oferece. Com o tempo e ao ver os resultados que você gera, o cliente inicial pode reconsiderar.

É sempre uma boa ideia reabrir a comunicação após algumas semanas ou meses, apresentando novos resultados e conquistas para reavaliar o interesse.

BÔNUS

DESAFIO DO ZERO À R$3K EM 7 DIAS

INTRODUÇÃO

Quando comecei como Social Media, o maior desafio era atrair clientes. Como era tudo novo para mim e eu estava começando sozinha, sem experiência prática, eu tinha dúvidas sobre a eficácia do meu trabalho e o preço a cobrar. Mesmo depois de terminar um curso, demorei três meses para começar a oferecer meus serviços, pois queria ter certeza de que poderia entregar resultados reais. Eventualmente, entendi que a prática é essencial, algo que cursos e livros por si só não ensinam.

Decidi escrever o livro "Social Media: Conquiste seu primeiro cliente em 24h" para ajudar iniciantes a se sentirem mais seguros, fornecendo estratégias práticas e informações claras. Contudo, percebi que, apesar das estratégias eficazes, alguns leitores não alcançavam resultados simplesmente porque não aplicavam o que aprenderam.

Isso me inspirou a criar o "Desafio do zero a R$3k em 7 dias". Este livro é um plano de ação diário para ajudar você a dar passos concretos e conquistar seus primeiros clientes. Oferece a oportunidade de realmente mudar sua carreira, com a flexibilidade de repetir o desafio até alcançar o número de clientes desejado para o seu negócio.

DIA 1: PREPARAÇÃO

Este primeiro dia é sobre estabelecer as bases do seu negócio em social media. Além de definir os serviços e a precificação, é crucial desenvolver um portfólio que demonstre sua habilidade e experiência. Um portfólio eficaz pode ser a chave para atrair seus primeiros clientes.

Utilize o e-book Social Media: Conquiste seu primeiro cliente em 24h para consulta sempre que necessário.

DETALHAMENTO DOS SERVIÇOS:

1.Identificação de Serviços: Liste os serviços que você pode oferecer, como gestão de redes sociais, criação de conteúdo, análise de dados, etc. Explique cada serviço de forma que um cliente em potencial possa entender facilmente o que está incluído.

2.Especialização e Nicho: Considere se especializar em um nicho específico. Isso pode lhe dar uma vantagem competitiva e tornar mais fácil atrair clientes que procuram expertise específica.

PRECIFICAÇÃO DETALHADA:

1. Estratégias de Precificação: Discuta diferentes métodos de precificação - por projeto, por hora, ou um pacote de serviços. Cada método tem suas vantagens e desvantagens.

2.Valorizando Seu Trabalho: Reflita sobre como valorizar adequadamente seu trabalho. Considere fatores como experiência, demanda do mercado e custos operacionais.

DESENVOLVIMENTO DO PORTFÓLIO:

1.Seleção de Trabalhos: Escolha trabalhos anteriores ou crie projetos demonstrativos que mostrem suas habilidades.

2.Formato do Portfólio: Decida o formato (digital, website, PDF) e estruture o portfólio de forma atraente e profissional.

3.Descrição dos Projetos: Para cada projeto, inclua uma breve descrição, o objetivo, e os resultados alcançados.

RESUMO DE ATIVIDADES DIA 1

Crie uma lista detalhada dos serviços que você oferecerá.
Pesquise preços de mercado para ter uma ideia de como precificar seus serviços.

Elabore um esboço de pacotes de serviços que você pode oferecer, ajustando-os para diferentes tipos de clientes.
Elabore seu portfólio, incluindo exemplos de trabalhos anteriores ou projetos demonstrativos.

Pesquise diferentes formatos de portfólio para encontrar um que melhor represente seu trabalho.

Com seus serviços definidos, uma estratégia de precificação e um portfólio inicial, você estabeleceu uma fundação sólida para sua carreira em social media. Esses passos iniciais são cruciais para construir confiança e atrair seus primeiros clientes.

DIA 2: ESTRATÉGIA

O foco do segundo dia é desenvolver uma estratégia sólida de prospecção de clientes. Isso envolve entender quem é seu público-alvo e como abordá-lo de maneira eficaz.

IDENTIFICAÇÃO DO PÚBLICO-ALVO:

1.Análise de Mercado: Faça uma pesquisa para entender quem precisa dos seus serviços. Isso pode incluir pequenas empresas, influenciadores, ou lojas locais.

2.Características do Público: Identifique características comuns do seu público, como setor de atuação, tamanho do negócio, e desafios enfrentados.

3.Necessidades e Desejos: Compreenda o que seu público-alvo busca e como seus serviços podem atender a essas necessidades.

DESENVOLVIMENTO DA ESTRATÉGIA DE PROSPECÇÃO:

1.Canais de Comunicação: Decida quais canais são mais efetivos para alcançar seu público - redes sociais, e-mails, eventos de networking, etc.

2.Mensagem Personalizada: Desenvolva uma mensagem que ressoe com seu público-alvo, destacando como seus serviços podem beneficiá-los.

3.Plano de Ação: Crie um plano de ação para abordar seus potenciais clientes. Comece a criação de uma lista de contatos e um cronograma para abordagens.

RESUMO DE ATIVIDADES DIA 2:

Realize uma pesquisa de mercado para identificar seu público-alvo.

Elabore uma mensagem personalizada para a abordagem de clientes.

Crie um plano de ação para começar a prospecção.

DESAFIO EXTRA: FAÇA UMA LISTA COM 100 CONTATOS

> *Ao final do dia, você terá um entendimento claro do seu público-alvo e uma estratégia de prospecção pronta para ser implementada. Esses são passos essenciais para atrair os primeiros clientes.*

DIA 3: PROSPECÇÃO

O terceiro dia é dedicado a colocar em prática sua estratégia de prospecção. Você começará a se conectar com seu público-alvo, utilizando as mensagens personalizadas que desenvolveu, e iniciará o processo de construção de relacionamentos com potenciais clientes.

PROCESSO DE PROSPECÇÃO:

1.Primeiro Contato: Utilize os canais escolhidos para fazer o primeiro contato com seus potenciais clientes. Isso pode ser feito através de e-mails personalizados, mensagens em redes sociais ou whatsapp.

2. Abordagem Personalizada: Lembre-se de usar a abordagem personalizada que você criou, destacando como seus serviços podem atender às necessidades específicas de cada potencial cliente.

3.Registro de Interesses: Mantenha um registro das respostas e do interesse mostrado pelos potenciais clientes para acompanhar e ajustar suas estratégias conforme necessário. Tenha como foco agendar reuniões presenciais ou online para apresentação da proposta de serviços e portfólio.

4.Defina Metas: Para ter sucesso no nosso desafio é importante definir metas de contatos diários. Recomendação: mínimo de 20 contatos por dia. Não tenha medo de receber nãos, siga em frente e vá para o próximo contato da lista!

RESUMO DE ATIVIDADES DIA 3:

Realize o primeiro contato com os potenciais clientes da sua lista.

Use a abordagem personalizada em cada interação. Mantenha um registro das respostas e do nível de interesse para análise futura.

DESAFIO EXTRA: ENTRE EM CONTATO COM 50 POTENCIAIS CLIENTES

> *Este dia é um marco importante na sua jornada, pois você começa a interagir diretamente com potenciais clientes. A experiência adquirida aqui será valiosa para refinar suas estratégias de prospecção.*

DIA 4: REUNIÕES

No quarto dia, vamos focar em dois aspectos: fazer follow-up com aqueles que não responderam às suas mensagens iniciais e agendar reuniões com os que mostraram interesse.

ESTRATÉGIAS DE FOLLOW-UP PARA NÃO RESPONDIDOS:

1.Reabordagem: Envie uma mensagem de follow-up para os potenciais clientes que não responderam, talvez com uma abordagem ligeiramente diferente ou destacando
um aspecto único dos seus serviços.

2. Mensagem Personalizada: Certifique-se de que a
mensagem seja personalizada, demonstrando seu entendimento das necessidades potenciais do cliente.

AGENDAMENTO DE REUNIÕES PARA RESPONDIDOS:

1.Proposta de Reunião: Para aqueles que responderam positivamente, proponha uma reunião (online ou
presencial) para discutir detalhadamente seus serviços.

2. Preparação: Esteja preparado para apresentar seu
portfólio e uma proposta detalhada durante a reunião.

RESUMO DE ATIVIDADES DIA 4:

Envie mensagens de follow-up para os não respondidos.

Proponha e agende reuniões com os interessados. Prepare-se para apresentar seu portfólio e proposta nas reuniões agendadas.

DESAFIO EXTRA: AGENDE 10 REUNIÕES

Este dia é sobre avançar nas negociações, seja reengajando os não respondidos ou movendo para a etapa de apresentação e discussão com os interessados.

DIA 5: NOVAS OPORTUNIDADES

No quinto dia do desafio, vamos focar em expandir sua rede e explorar novas oportunidades. Essa etapa é crucial para aumentar sua visibilidade e alcançar um público mais amplo.

ATENÇÃO: Não deixe de continuar prospectando com os contatos da sua lista.

ESTRATÉGIAS DE NETWORKING E PARCERIAS:

1.Participação Ativa em Grupos Online: Escolha 2-3 grupos relevantes em plataformas como LinkedIn ou Facebook. Dedique uma hora para participar ativamente,
respondendo a postagens e oferecendo insights valiosos.

2. Mensagens Diretas Personalizadas: Selecione 5-10 membros desses grupos que pareçam ser clientes ideais. Envie mensagens diretas personalizadas, introduzindo- se e explicando brevemente como seus serviços podem
beneficiá-los.

3.Networking Virtual: Se houver um evento de
networking virtual ou webinar relevante, participe e interaja ativamente. Faça conexões e siga com mensagens pós-evento.

4. Propostas de Parceria: Identifique 1-2 potenciais parceiros de

negócios e crie uma proposta de parceria curta e convincente para enviar a eles.

RESUMO DE ATIVIDADES DIA 5:

Interaja ativamente em 2-3 grupos online relevantes para seu nicho.

Envie mensagens diretas personalizadas a 5-10 membros potenciais.

Participe de um evento de networking virtual, se disponível, e faça conexões.

Elabore e envie 1-2 propostas de parceria.

DESAFIO EXTRA: FECHE 2 PARCERIAS

> *Este dia é sobre expandir sua rede e abrir portas para novas oportunidades de negócios. Ao interagir ativamente e estabelecer conexões valiosas, você está dando passos importantes para o crescimento da sua presença no mercado de social media e para o alcance de potenciais clientes e parceiros.*

DIA 6: ANÁLISE

No sexto dia, é crucial analisar as interações passadas para identificar o que funcionou e o que pode ser melhorado. Esta análise detalhada ajudará a refinar suas estratégias de prospecção e abordagem.

AVALIAÇÃO DETALHADA DAS INTERAÇÕES:

1. Respostas Recebidas: Revise todas as respostas que você recebeu, anotando quais abordagens geraram mais interesse.

2. Feedback e Padrões: Observe qualquer feedback ou padrões nas respostas. Por exemplo, identifique se certas mensagens ou estilos foram mais bem-sucedidos.

AJUSTES ESTRATÉGICOS:

1. Refinamento da Mensagem: Com base no que funcionou, refine sua mensagem para futuras abordagens. Considere aspectos como tom, clareza e relevância.

2. Foco nos Canais de Sucesso: Se alguns canais como LinkedIn ou e-mails trouxeram mais respostas, planeje usar mais esses canais.

3. Ajuste de Táticas: Se algumas táticas como oferecer análises gratuitas ou falar sobre casos de sucesso foram mais efetivas, inclua-as mais em sua estratégia.

RESUMO DE ATIVIDADES DIA 6:

Analise todas as interações anteriores.

Identifique os métodos mais eficazes e ajuste sua mensagem e estratégia de abordagem.

Planeje como implementar esses ajustes nas suas próximas ações.

> *Este dia é sobre aprender com a experiência e usar esses aprendizados para aprimorar suas técnicas de prospecção. Ajustes inteligentes baseados em análises sólidas são fundamentais para a eficácia a longo prazo.*

DIA 7: FECHAR CONTRATOS

No último dia do desafio, o foco é no fechamento de negócios com os clientes potenciais que mostraram interesse e no planejamento de ações futuras para manter o impulso.

FECHAMENTO DE NEGÓCIOS:

1.Preparação para Reuniões de Fechamento: Prepare-se para reuniões finais, revisando notas anteriores e planejando como abordar cada cliente de forma personalizada.

2.Apresentação Eficaz: Durante as reuniões, apresente seu portfólio, destaque os benefícios dos seus serviços e esteja pronto para responder a perguntas e objeções.

3. Negociação: Esteja aberto a negociações, mas mantenha-se firme quanto ao valor e à qualidade dos seus serviços.

PLANEJAMENTO FUTURO:

1. Follow-up com Não Convertidos: Para potenciais clientes que não fecharam negócios, planeje um follow- up para o futuro. Mantenha um relacionamento contínuo. Peça indicações de contatos e nunca pare de aumentar a sua lista.

2.Avaliação e Ajustes: Avalie o que funcionou bem durante o

desafio e o que pode ser melhorado para o próximo ciclo.

RESUMO DE ATIVIDADES DIA 7:

Realize as reuniões de fechamento.

Planeje follow-ups futuros com clientes potenciais não convertidos.

Faça uma avaliação geral do desafio e planeje ajustes para melhorias.

DESAFIO FINAL: TOTAL DE CONTRATOS FECHADOS R$3000!

> *Este dia é crucial para solidificar o trabalho realizado durante a semana e estabelecer as bases para o crescimento contínuo. Com uma estratégia de fechamento eficaz e um plano para o futuro, você está bem posicionado para sucesso contínuo.*

PARABÉNS!

Parabéns por completar o "Desafio do zero a R$3K em 7 dias"! Sua dedicação e esforço para chegar até aqui são admiráveis.

Lembre-se, esta é apenas o começo da sua jornada no mundo do social media. Continue aplicando o que aprendeu, repetindo o desafio conforme necessário, e sempre buscando expandir sua lista de contatos. Não esqueça de pedir indicações, pois elas são uma ferramenta valiosa para crescimento.

Enquanto este e-book focou em estratégias para iniciantes, há métodos mais avançados, como a captação de clientes através de anúncios, que você pode explorar à medida que sua experiência cresce.

Essas estratégias requerem um entendimento mais aprofundado e investimento, mas podem ser extremamente eficazes para ampliar seu alcance e acelerar o crescimento.

Caso queira saber mais sobre essas estratégias envie uma mensagem pelo Instagram @creatorteca com a palavra DESAFIO.

Continue aprendendo, crescendo e expandindo seus horizontes!

Sucesso!
Patricia STK
Social Media | Criadora de Conteúdos | Marketing Digital

SOBRE NÓS

Logo que eu iniciei minha carreira como Social Media eu percebi que somente o conhecimento que eu adquiri não era o suficiente para conquistar clientes e fazer um bom atendimento.

Percebi que haviam estratégias e ferramentas essenciais para ser bem sucedida nessa profissão. Como eu estava sempre criando templates, desenvolvendo ferramentas e melhorando cada vez mais as minhas estratégias, pensei que isso também poderia ajudar outras pessoas procurando por soluções.

Criei a Creatorteca para disponibilizar todas essas soluções que eu desenvolvi em um único lugar. E estou sempre colocando produtos novos para todos vocês Social Media.

Caso queira conhecer os outros produtos que eu desenvolvi acesse o site: https://creatorteca.com.br

Siga também nas redes sociais para ficar por dentro de todas as novidades, novos produtos, dicas de social media e marketing digital, além de ter um espaço para tirar dúvidas e se conectar com outras pessoas da profissão.

Nossas redes sociais são todas @creatorteca

Envie um DM com suas dúvidas e sugestões.

SUA AVALIAÇÃO É MUITO IMPORTANTE

Gostaria de pedir um grande favor a você. Peço que avalie meu primeiro e-book "SOCIAL MEDIA SEU PRIMEIRO CLIENTE EM 24h" com 5 estrelas e deixe uma mensagem para mim, vou adorar ler!

Sua opinião é muito importante para o meu próprio desenvolvimento como autora e Social Media. Então, se você tiver mais a acrescentar nesse livro ou outras estratégias compartilhe comigo pelo Instagram @creatorteca ou me envie um e-mail suporte@creatorteca.com.br.

Agradeço demais pelo apoio!
Sucesso na sua jornada!

ABOUT THE AUTHOR

Patricia S T K

 Empreendedora Independente e Criadora de Produtos Digitais. Apaixonada por planners e organização, transformei minha paixão em uma empresa dedicada a auxiliar mulheres a trabalharem com eficiência, aumentando seus faturamentos.

Desenvolvi ferramentas para minha própria jornada, obtendo resultados tão impactantes que decidi compartilhar esse caminho em direção à liberdade financeira com outras mulheres.

www.ingramcontent.com/pod-product-compliance
Lightning Source LLC
Chambersburg PA
CBHW051538240526

45465CB00027B/712